Pascale Leconte

Le petit livre des **Mantras** à murmurer

Nouvelle édition avec explications

Éditeur : BoD-Books on Demand
12-14 rond-point des Champs-Élysées,
75008 Paris

© 2021 Pascale Leconte.
Édition : BoD – Books on Demand,
12/14 rond-point des Champs-Élysées, 75008 Paris
Impression : BoD - Books on Demand,
Norderstedt, Allemagne

Dépôt légal : Septembre 2021
ISBN : 9782322238361

Je suis illimité.

Tout est possible.

    Dépasse tes croyances limitantes. Seules tes peurs et tes pensées créent des limites.
En réalité, TOUT est possible ! La seule limite est celle de ton imagination.
Lâche tes peurs et laisse-toi surprendre par la vie et ses surprises infinies !

    Je suis illimité. Tout est possible. Je suis illimité. Tout est possible. Je suis illimité. Tout est possible. Je suis illimité. Tout est possible. Je suis illimité. Tout est possible. Je suis illimité. Tout est possible. Je suis illimité. Tout est possible. Je suis illimité. Tout est possible. Je suis illimité. Tout est possible. Je suis illimité. Tout est possible. Je suis illimité. Tout est possible. Je suis illimité. Tout est possible. Je suis illimité. Tout est possible. Je suis illimité. Tout est possible. Je suis illimité. Tout est possible. Je suis illimité. Tout est possible. Je suis illimité. Tout est possible.

MAINTENANT

Tout se joue ici et maintenant !
Fais table rase du passé. Ignore le futur qui n'est pas encore là. Rien d'autre n'existe que le PRÉSENT éternel.
Si tu poses ton attention uniquement sur ce que tu ressens et expérimentes en cet instant, tu comprendras que tout va bien. Vraiment bien.

Maintenant. Maintenant. Maintenant.
Maintenant. Maintenant. Maintenant.
Maintenant. Maintenant. Maintenant.
Maintenant. Maintenant. Maintenant.
Maintenant. Maintenant. Maintenant.
Maintenant. Maintenant. Maintenant.
Maintenant. Maintenant. Maintenant.
Maintenant. Maintenant. Maintenant.
Maintenant. Maintenant. Maintenant.
Maintenant. Maintenant. Maintenant.
Maintenant. Maintenant. Maintenant.
Maintenant. Maintenant. Maintenant.
Maintenant. Maintenant. Maintenant.
Maintenant. Maintenant. Maintenant.
Maintenant. Maintenant. Maintenant.
Maintenant. Maintenant. Maintenant.
Maintenant. Maintenant. Maintenant.

EN PRÉSENCE

Sois présent à ce que tu fais MAINTENANT. Observe ce qui t'entoure, ressens ce que tu fais en cet instant. Tout se joue ici et maintenant.
Pourquoi ton esprit vagabonde-t-il dans l'ailleurs, dans le futur ou le passé ?
Il ne s'agit que d'un leurre, d'une illusion car tout est déjà là.
Admire cet instant unique et magnifique, respire le présent. Sois en présence constamment.

En présence. En présence.

Le temps est une illusion

Ferme les yeux et, en cet instant, lâche ce que tu as déjà vécu. Là, maintenant, là, vraiment, tu es. TU ES. Tout simplement.
Nul besoin de ressasser les vieux souvenirs. Nulle nécessité à s'imaginer un futur effrayant. Tu l'ignores et c'est une bonne chose. Ne cherche pas à savoir ce qui n'existe pas encore. Tout est en perpétuel mouvement, même le futur. Une seule certitude : sois présent à toi-même, ainsi tu vivras pleinement chaque expérience qui se présentera à toi !
Vis maintenant. SOIS JUSTE TOI. Et c'est parfait. Le reste relève du domaine de l'illusion.

Le temps est une illusion. Le temps est une illusion.

Je m'aime sans condition

Si tu souhaites que l'on t'aime sans condition, alors tu peux commencer par le faire envers toi-même.
Ensuite seulement, tu parviendras à aimer les autres sans condition. Tout commence toujours par soi-même et en soi-même. Ce n'est pas de l'égoïsme, il s'agit de bon sens.
« Le bon sens ». Tout part de l'intérieur pour aller vers l'extérieur.

Je m'aime sans condition. Je m'aime sans condition.

Seul l'Amour existe

Seul l'Amour existe. Quand cette vérité sera enfin comprise et intégrée par tout le monde, alors notre planète deviendra un paradis. L'Amour crée ce que la haine détruit. L'Amour unifie ce que la peur sépare. L'Amour est à la base de tout car l'Amour est l'énergie originelle. Et tu es issu de cet Amour Omniprésent et Absolu ! Quelle chance ! Quelle merveille !
Sois toi. Sois Amour. Aime-toi. Aime la vie.

Seul l'Amour existe. Seul l'Amour existe.

Ce monde de dualité est une illusion

Observe... Tu vis dans une infinité de Présent. Le passé était ton présent. Le futur sera ton présent. Tout se vit et s'expérimente toujours AU PRÉSENT. Ainsi, seul compte l'Instant, seul existe ce Présent dans lequel tu évolues en permanence. Le reste peut être relégué au domaine de l'illusion, tel un rêve un peu flou.
Agis et vis maintenant. Car c'est ici et maintenant que tout se vit. TU ES.

Ce monde de dualité est une illusion. Ce monde de dualité est une illusion. Ce monde de dualité est une illusion. Ce monde de dualité est une illusion. Ce monde de dualité est une illusion. Ce monde de dualité est une illusion. Ce monde de dualité est une illusion. Ce monde de dualité est une illusion. Ce monde de dualité est une illusion. Ce monde de dualité est une illusion. Ce monde de dualité est une illusion. Ce monde de dualité est une illusion. Ce monde de dualité est une illusion. Ce monde de dualité est une illusion. Ce monde de dualité est une illusion. Ce monde de dualité est une illusion. Ce monde de dualité est une illusion.

« Je suis. » Oh oui ! Tu es. Et rien d'autre n'a d'importance. Le simple fait de vivre, de respirer, de penser est magnifique. Cela suffit.
Que chercher de plus ? Que demander d'autre ? Contemple cet esprit qui est le tiens.
Pose ton attention sur les pensées qui passent par toi. Elles ne sont pas toi. Elles ne font que transiter par toi. Comme si les pensées étaient des ondes radios que tu captes ici et là, sans réellement émaner de toi. Ton essence les capte. Lâche-les. Laisse-les continuer leur route loin de toi. Détache-toi de ces pensées/ondes. Elles ne sont que de passage.

Je suis. Je suis.

TOUT EST UN

Nous sommes tous issus de la même source d'Amour Absolu. On l'a juste oublié pour pouvoir vivre cette expérience terrestre et avoir l'infini bonheur de s'en souvenir et de l'incarner au quotidien !
Imagine que le vide qui t'entoure est une substance colorée, vois comme cette substance entre en contact avec tout. Ce vide rassemble l'infiniment petit et l'immensément grand.
De l'atome jusqu'aux confins de l'Espace, il y a ce vide plein d'Amour. Tout est Un. Ne nous laissons pas aveugler par l'illusion de la séparation.

Tout est UN. Tout est UN.

Je suis complet

Pourquoi chercher à l'extérieur ce qui se trouve déjà en toi ? Tout est déjà là. Si tu ne le vois pas, cela ne prouve pas qu'il ne s'y trouve pas. N'attends pas des autres qu'ils comblent tes besoins. Apprends à repérer tes peurs et apaise-les. Apprends à voir les vides en toi pour les combler d'Amour et de paix intérieure.
Les autres sont un bonus mais pas une nécessité. Tu es plein. Tu es complet. Tu es né parfait. Ne perds pas ton temps et ton énergie à chercher un double, une paire. Trouve cela en toi. Fais grandir ton amour pour toi, le reste suivra.

Je n'ai besoin de rien ni de personne. Je suis complet. Je n'ai besoin de rien ni de personne. Je suis complet. Je n'ai besoin de rien ni de personne. Je suis complet. Je n'ai besoin de rien ni de personne. Je suis complet. Je n'ai besoin de rien ni de personne. Je suis complet. Je n'ai besoin de rien ni de personne. Je suis complet. Je n'ai besoin de rien ni de personne. Je suis complet. Je n'ai besoin de rien ni de personne. Je suis complet. Je n'ai besoin de rien ni de personne. Je suis complet. Je n'ai besoin de rien ni de personne. Je suis complet.

Tout est déjà accompli

Si tu cherches la paix dans le monde, commence à la trouver en toi. Cesse les luttes en toi. Cesse de lutter contre les situations qui se présentent à toi. Accueille-les. Aime-les.
Arrête de lutter contre les émotions qui passent par toi. Accueille-les. Aime-les.
Cesse d'empêcher tes peurs de s'exprimer. Accueille-les. Aime-les.
Tout est déjà accompli. La lutte est une illusion. Tout est déjà là. Tu baignes dans l'Amour. Tu es l'Amour. Tu es.

Tout est déjà accompli. Tout est déjà accompli.

Rien n'a d'importance

Si tout est illusion, alors rien n'a d'importance. Lâche la peur.
Tant que tu es vivant, rien n'est grave. Et quand tu seras mort, alors rien n'aura d'importance.
Ainsi, tout est parfait. Tout est expérience sans importance. Ce qui est fait est fait. Sois dans le Présent, seul moment où tu peux être et agir.

Rien n'a d'importance. Rien n'a d'importance.

La seule raison d'être est d'aimer.

Aimer. Aimer tout et tous,

à commencer par m'aimer moi-même.

Tout est dit dans ces phrases. Nul besoin d'explication. Aimer est la raison d'être de l'humain. Alors aimons.

La seule raison d'être est d'aimer. Aimer. Aimer tout et tous, à commencer par m'aimer moi-même. La seule raison d'être est d'aimer. Aimer. Aimer tout et tous, à commencer par m'aimer moi-même. La seule raison d'être est d'aimer. Aimer. Aimer tout et tous, à commencer par m'aimer moi-même. La seule raison d'être est d'aimer. Aimer. Aimer tout et tous, à commencer par m'aimer moi-même. La seule raison d'être est d'aimer. Aimer. Aimer tout et tous, à commencer par m'aimer moi-même. La seule raison d'être est d'aimer. Aimer. Aimer tout et tous, à commencer par m'aimer moi-même. La seule raison d'être est d'aimer. Aimer. Aimer tout et tous, à commencer par m'aimer moi-même. Aimer.

Je me respecte.
Je respecte mon corps.
Je respecte mes limites.
Je respecte mes décisions.

Pourquoi attendre des autres quelque chose que tu ne fais pas déjà toi-même ?
Sois celui qui se respecte. Sois celui qui aime et respecte son propre corps. Sois celui qui respecte ses propres limites.
Ensuite les autres te copieront en te respectant et se respectant eux-mêmes. Sois l'exemple.

Je me respecte. Je respecte mon corps. Je respecte mes limites. Je respecte mes décisions. Je me respecte. Je respecte mon corps. Je respecte mes limites. Je respecte mes décisions. Je me respecte. Je respecte mon corps. Je respecte mes limites. Je respecte mes décisions. Je me respecte. Je respecte mon corps. Je respecte mes limites. Je respecte mes décisions. Je me respecte. Je respecte mon corps. Je respecte mes limites. Je respecte mes décisions. Je me respecte. Je respecte mon corps. Je respecte mes limites. Je respecte mes décisions. Je me respecte. Je respecte mon corps.

Que ferait l'Amour à ma place ?

Quelle attitude avoir par rapport à tel problème ? Quelle réponse donner à une question ? Quelle voie suivre ?
Une seule et même réponse à toutes ces interrogations : Que ferait l'Amour à ta place ?
Avec ce leitmotiv, tu ne te tromperas jamais.
Ce guide sera toujours de bon conseil.
En l'Amour, tu peux accorder toute ta confiance.

Que ferait l'Amour à ma place ? Que ferait l'Amour à ma place ? Que ferait l'Amour à ma place ? Que ferait l'Amour à ma place ? Que ferait l'Amour à ma place ? Que ferait l'Amour à ma place ? Que ferait l'Amour à ma place ? Que ferait l'Amour à ma place ? Que ferait l'Amour à ma place ? Que ferait l'Amour à ma place ? Que ferait l'Amour à ma place ? Que ferait l'Amour à ma place ? Que ferait l'Amour à ma place ? Que ferait l'Amour à ma place ? Que ferait l'Amour à ma place ? Que ferait l'Amour à ma place ? Que ferait l'Amour à ma place ? Que ferait l'Amour à ma place ? Que ferait l'Amour à ma place ? Que ferait l'Amour à ma place ?

J'écoute ma joie.
Il s'agit de ma boussole intérieure.

À l'instar de l'Amour, suivre ta joie sera toujours un bon guide !
L'Univers parfait a créé cette émotion qui te porte vers le haut pour t'indiquer la route à suivre. Quand tu te sens perdu dans un inextricable questionnement, alors calme-toi, fais silence, marche dans la nature ou sois immobile. Ainsi la joie pourra revenir en toi et t'apporter l'envie ou l'idée qui te guidera.
Écoute ta joie, elle est précieuse et sincère.

J'écoute ma joie. Il s'agit de ma boussole intérieure. J'écoute ma joie. Il s'agit de ma boussole intérieure. J'écoute ma joie. Il s'agit de ma boussole intérieure. J'écoute ma joie. Il s'agit de ma boussole intérieure. J'écoute ma joie. Il s'agit de ma boussole intérieure. J'écoute ma joie. Il s'agit de ma boussole intérieure. J'écoute ma joie. Il s'agit de ma boussole intérieure. J'écoute ma joie. Il s'agit de ma boussole intérieure. J'écoute ma joie. Il s'agit de ma boussole intérieure. J'écoute ma joie. Il s'agit de ma boussole intérieure. J'écoute ma joie. Il s'agit de ma boussole intérieure.

Les pensées transitent par moi, mais je ne suis pas elles et elles ne sont pas moi.

Ton âme vaque de pensée en pensée.
Comment ces pensées naissent-elles dans ton esprit ? Elles semblent apparaître de nulle part et s'évanouissent aussi vite qu'elles sont venues.
En es-tu réellement le créateur ? Ou les captes-tu lorsqu'elles passent par toi ? La réponse est en chacun mais il est nécessaire de se poser la question. Car si les pensées ne t'appartiennent pas, il devient aisé de s'en détacher. Remets les pensées d'où elles viennent. Et laisse-toi juste traverser par elles. Désidentifie-toi d'elles.

Les pensées transitent par moi, mais je ne suis pas elles et elles ne sont pas moi. Les pensées transitent par moi, mais je ne suis pas elles et elles ne sont pas moi. Les pensées transitent par moi, mais je ne suis pas elles et elles ne sont pas moi. Les pensées transitent par moi, mais je ne suis pas elles et elles ne sont pas moi. Les pensées transitent par moi, mais je ne suis pas elles et elles ne sont pas moi. Les pensées transitent par moi, mais je ne suis pas elles et elles ne sont pas moi. Les pensées transitent par moi, mais je ne suis pas elles.

Je suis TOUT

Si seul l'Amour existe. Si l'Amour a tout créé. Alors tu es Amour. Tu es l'Amour créateur qui s'expérimente dans la matière créée par « toi ». Tu es TOUT. Car, au-delà du voile de l'illusion, n'existe que l'Amour pur et absolu.
Au-delà de l'illusion, tu es Amour Pur et Absolu. Ainsi, le sont tout autant les autres humains. Et les animaux, les plantes, les atomes. Tu es Tout. Tu es aussi ces animaux, ces plantes, ces atomes.
Traite le reste du monde comme tu te traites toi-même car tu ES le monde.

Je suis TOUT. Je suis TOUT.

ICI ET MAINTENANT

S'il ne faut garder qu'un seul mantra, ce sera celui-ci. Inutile de penser au passé, au futur, à qui tu es, ce que tu subis, qui sont les autres, ta place dans l'univers, ta mission de vie…
Sois juste « Ici et Maintenant » puis vis.
Ici, tout est déjà là. Maintenant, tout est déjà accompli. « *Tu penses donc tu es* ».
Aussi, sois dans le Présent constamment et mets-y de la conscience, porte ton attention sur l'ici et le maintenant.

Ici et maintenant. Ici et maintenant.

LA DUALITÉ COMMENCE PAR LE « JE ». UN. UNITÉ.

Dès lors que tu prononces « Je » alors tu induis une séparation entre toi et le reste du monde. Oublies-tu que tu es aussi le reste du monde ?
En disant « Je », tu crées la séparation illusoire de ce monde de dualité.
Dualité car il y a toi et les autres. Le haut et le bas, le bon et le mauvais… Mais tous ces concepts sont issus de ce monde de dualité. Or, en vérité, il n'existe qu'une seule et même énergie d'Amour. Celle dont tu es issu et dont tout émerge. L'Amour, c'est tout.

La dualité commence par le « Je ». UN. UNITÉ. La dualité commence par le « Je ». UN. UNITÉ. La dualité commence par le « Je ». UN. UNITÉ. La dualité commence par le « Je ». UN. UNITÉ. La dualité commence par le « Je ». UN. UNITÉ. La dualité commence par le « Je ». UN. UNITÉ. La dualité commence par le « Je ». UN. UNITÉ. La dualité commence par le « Je ». UN.

Je suis aimé

Tu es aimé. N'en doute pas une seule seconde. D'ailleurs, on ne peut pas déplaire à tout le monde.
Tu es aimé, ne serait-ce que par toi-même. Et c'est déjà une merveilleuse aventure !
Le soir venu, endors-toi en te répétant ce mantra : « Je suis aimé ».

Je suis aimé. Je suis aimé.

JE SUIS AMOUR PUR

Malgré les apparences, ton « essence » est faite d'Amour pur. Tu es l'Amour venu expérimenter une vie de dualité dont le but est de se rappeler son Unité.
Tu es l'Amour absolu vivant une aventure terrestre pour comprendre ce que tu n'es pas. Tu n'es pas la peur. Tu n'es pas la haine. Tu n'es pas la mort. Ce ne sont que des illusions coriaces pour conscientiser ce que tu es réellement.

Je suis Amour pur. Je suis Amour pur.

Je m'excuse. Pardonne-moi.
Merci. Je t'aime.

Connais-tu l'Ho'oponopono ?
Il s'agit de quatre phrases à répéter comme un mantra. Ces phrases expriment le fait qu'on est créateur de ce qu'on vit, créateur de ce monde qui semble aller si mal.
En disant ces quatre phrases, tu récupères la responsabilité (et non la culpabilité) du monde que ton âme a créé pour évoluer en conscience.
Non, tu n'es pas une victime. Tu es créatrice.
Non, ce monde n'est pas horrible et injuste. Tu l'as créé à ton image. Alors, accepte de voir et d'aimer toutes les parts d'ombre qui sont en toi.

Je m'excuse. Pardonne-moi. Merci. Je t'aime. Je m'excuse. Pardonne-moi. Merci. Je t'aime. Je m'excuse. Pardonne-moi. Merci. Je t'aime. Je m'excuse. Pardonne-moi. Merci. Je t'aime. Je m'excuse. Pardonne-moi. Merci. Je t'aime. Je m'excuse. Pardonne-moi. Merci. Je t'aime. Je m'excuse. Pardonne-moi. Merci. Je t'aime. Je m'excuse. Pardonne-moi. Merci. Je t'aime. Je m'excuse. Pardonne-moi. Merci. Je t'aime. Je m'excuse. Pardonne-moi. Merci.

Je m'excuse. Je me pardonne. Je me remercie. Je m'aime.

À l'instar de la page précédente qui explique l'Ho'oponopono, tu appliques cette fois la répétition de ce mantra en le dirigeant vers toi-même et non plus vers une autre personne ou une situation extérieure à toi.
Car il est bien difficile de se pardonner ses erreurs, de se remercier malgré nos faiblesses et de s'aimer malgré nos défauts.

Je m'excuse. Je me pardonne. Je me remercie. Je m'aime. Je m'excuse. Je me pardonne. Je me remercie. Je m'aime. Je m'excuse. Je me pardonne. Je me remercie. Je m'aime. Je m'excuse. Je me pardonne. Je me remercie. Je m'aime. Je m'excuse. Je me pardonne. Je me remercie. Je m'aime. Je m'excuse. Je me pardonne. Je me remercie. Je m'aime. Je m'excuse. Je me pardonne. Je me remercie. Je m'aime. Je m'excuse. Je me pardonne. Je me remercie. Je m'aime. Je m'excuse. Je me pardonne. Je me remercie. Je m'aime. Je m'excuse. Je me pardonne. Je me remercie. Je m'aime.

Nous sommes tous interconnectés.
Si j'évolue, tout évolue.
Si j'évolue, l'Humanité évolue.
Si j'évolue, l'Univers évolue.

INTERCONNECTÉ ! Telle est la clé de l'Univers. Puisque seul l'Amour existe, puisque tu es TOUT, alors les changements que tu opères en toi se répercuteront sur l'ensemble du vivant ! Tu es lié au Grand Tout car tu es ce Grand Tout. Aussi, cesse d'attendre que l'amélioration vienne des autres. Et sois ce changement. Sache que si tu fais cet effort, cela touchera tout ce qui existe. Sache que tu es tout ce qui existe. Il n'y a qu'Une Seule Conscience qui s'exprime en chaque être et chaque chose.

Nous sommes tous interconnectés. Si j'évolue, tout évolue. Si j'évolue, l'Humanité évolue. Si j'évolue, l'Univers évolue. Nous sommes tous interconnectés. Si j'évolue, tout évolue. Si j'évolue, l'Humanité évolue. Si j'évolue, l'Univers évolue. Nous sommes tous interconnectés. Si j'évolue, tout évolue. Si j'évolue, l'Humanité évolue. Si j'évolue, l'Univers évolue. Nous sommes tous interconnectés. Si j'évolue, tout évolue.

TOUT EST PARFAIT

Ne cherche pas à changer ce qui est déjà passé. Ne cherche pas à savoir ce qui n'est pas encore réalisé, tel que le futur. Ne cherche pas à changer les autres. Ne cherche pas à changer la situation du monde. Tout cela est en dehors de ta sphère d'action. Agis uniquement sur toi-même, c'est déjà énorme ! Aussi, tout est parfait, car tout ce qui existe ici-bas sert à ton évolution et à ta compréhension. Remercie ce qui est d'être ce qu'il est. Tout est parfait ici et maintenant.

Tout est parfait. Tout est parfait.

J'ACCUEILLE MA PEUR

Telle une amie fidèle, ta peur est là pour te montrer tes zones d'ombre, les parts d'inconnu en toi.
Tu peux remercier cette peur, elle est nécessaire. Elle te montre où poser ton attention pour sortir de ta zone de confort. Comment savoir où avancer si tu n'as peur de rien ? Ces peurs sont là pour mettre en lumière les côtés obscurs que tu refusais de voir jusqu'à maintenant.
Aime ta peur. Accepte sa présence en toi. Et fais-toi confiance. Fais confiance en la vie, car tu es la vie. Chaque peur accueillie et dépassée offre un véritable cadeau !

J'aime ma peur. J'accueille ma peur. J'aime ma peur. J'accueille ma peur. J'aime ma peur. J'accueille ma peur. J'aime ma peur. J'accueille ma peur. J'aime ma peur. J'accueille ma peur. J'aime ma peur. J'accueille ma peur. J'aime ma peur. J'accueille ma peur. J'aime ma peur. J'accueille ma peur. J'aime ma peur. J'accueille ma peur. J'aime ma peur. J'accueille ma peur. J'aime ma peur. J'accueille ma peur. J'aime ma peur. J'accueille ma peur. J'aime ma peur.

La peur n'existe pas. L'Amour est TOUT.

En vérité, la peur fait uniquement partie du monde de l'illusion.
Ce monde de dualité est donc un mirage par rapport à la réalité universelle invisible pour nos yeux physiques.
Accueille la peur qui arrive et regarde-la en face.
Admets que tu as peur et agis, malgré elle. Car derrière chaque peur se cache l'Amour. L'Amour de toi, de la vie, l'Amour inconditionnel.

La peur n'existe pas. L'Amour est TOUT. La peur n'existe pas. L'Amour est TOUT. La peur n'existe pas. L'Amour est TOUT. La peur n'existe pas. L'Amour est TOUT. La peur n'existe pas. L'Amour est TOUT. La peur n'existe pas. L'Amour est TOUT. La peur n'existe pas. L'Amour est TOUT. La peur n'existe pas. L'Amour est TOUT. La peur n'existe pas. L'Amour est TOUT. La peur n'existe pas. L'Amour est TOUT. La peur n'existe pas. L'Amour est TOUT. La peur n'existe pas.

L'Unité est l'immuable Vérité

Au-delà de l'illusion terrestre, il n'existe qu'une seule et unique conscience : la « tienne ». Traite chaque individu, chaque élément avec amour et respect. Car en chaque individu et en chaque élément, il y a ta conscience, cette Conscience universelle qui nous englobe tous. Une conscience où la hiérarchie n'existe pas. Une Conscience où tout possède la même importance, où tout est pourtant unique.
Tu es la goutte d'eau dans l'Océan de la Conscience Universelle. Mais où commence la goutte ? Et où finit-elle ? Impossible de répondre car la goutte EST l'océan.

L'Unité est l'immuable Vérité. L'Unité est l'immuable Vérité. L'Unité est l'immuable Vérité. L'Unité est l'immuable Vérité. L'Unité est l'immuable Vérité. L'Unité est l'immuable Vérité. L'Unité est l'immuable Vérité. L'Unité est l'immuable Vérité. L'Unité est l'immuable Vérité. L'Unité est l'immuable Vérité. L'Unité est l'immuable Vérité. L'Unité est l'immuable Vérité. L'Unité est l'immuable Vérité. L'Unité est l'immuable Vérité. L'Unité est l'immuable Vérité. L'Unité est l'immuable Vérité. L'Unité est l'immuable Vérité.

Le bien et le mal sont les deux faces d'une même pièce. Cette pièce, c'est moi. Cette pièce, c'est TOUT.

Dans ce monde de dualité, si le bien existe, le mal apparaît. Il faut du noir pour comprendre et intégrer ce qu'est le blanc.
La dualité que nous expérimentons ici-bas, crée tout et son opposé.
Soit tu es dans la Vérité où tout est UN. L'Unité.
Soit tu es dans la dualité où toute chose possède son opposé. L'un est indissociable de l'autre.
Ainsi, aime les deux. Puisqu'ils ne sont que l'illusion d'une Unique Réalité.

Le bien et le mal sont les deux faces d'une même pièce. Cette pièce, c'est moi. Cette pièce, c'est TOUT. Le bien et le mal sont les deux faces d'une même pièce. Cette pièce, c'est moi. Cette pièce, c'est TOUT. Le bien et le mal sont les deux faces d'une même pièce. Cette pièce, c'est moi. Cette pièce, c'est TOUT. Le bien et le mal sont les deux faces d'une même pièce. Cette pièce, c'est moi. Cette pièce, c'est TOUT.

J'accueille mes parts d'ombre.

Et je les aime.

Je mets de la lumière

et de l'Amour dessus.

Observe tes zones d'ombre. Aime, accepte et accueille ces côtés sombres. Ne nie pas leur présence en toi. Car en chacun de nous s'expriment le bien et le mal. Ils sont les deux faces d'une même pièce. Accepte ton imperfection. Aussi, accepte l'imperfection des autres. Tout cela est parfait. Tout est apprentissage.

J'accueille mes parts d'ombre. Et je les aime. Je mets de la lumière et de l'Amour dessus. J'accueille mes parts d'ombre. Et je les aime. Je mets de la lumière et de l'Amour dessus. J'accueille mes parts d'ombre. Et je les aime. Je mets de la lumière et de l'Amour dessus. J'accueille mes parts d'ombre. Et je les aime. Je mets de la lumière et de l'Amour dessus. J'accueille mes parts d'ombre. Et je les aime.

Je ne me juge pas moi-même.
Je ne juge pas les autres.

Le jugement JUGE et MENT. Il n'est d'aucune utilité. Chacun fait du mieux qu'il peut avec ce que la vie lui a donné.
Qui suis-je pour juger les autres ?
Qui sont-ils pour me juger ?
L'Amour Inconditionnel, lui-même, ne juge rien ni personne. Juger, c'est le jeu de la dualité.
Or, dans le monde de Vérité, tout est juste, tout est à sa place dans le grand puzzle de la vie.

Je ne me juge pas moi-même. Je ne juge pas les autres. Je ne me juge pas moi-même. Je ne juge pas les autres. Je ne me juge pas moi-même. Je ne juge pas les autres. Je ne me juge pas moi-même. Je ne juge pas les autres. Je ne me juge pas moi-même. Je ne juge pas les autres. Je ne me juge pas moi-même. Je ne juge pas les autres. Je ne me juge pas moi-même. Je ne juge pas les autres. Je ne me juge pas moi-même. Je ne juge pas les autres. Je ne me juge pas moi-même. Je ne juge pas les autres. Je ne me juge pas moi-même. Je ne juge pas les autres. Je ne me juge pas moi-même. Je ne juge pas les autres.

Je pose mon attention sur mon corps.
Ici et maintenant.
Je suis ma respiration.
Je ralentis ma respiration.
J'inspire lentement et longuement.
Tout est parfait.

Je pose mon attention sur mon corps. Ici et maintenant. Je suis ma respiration. Je ralentis ma respiration. J'inspire lentement et longuement. Tout est parfait. Je pose mon attention sur mon corps. Ici et maintenant. Je suis ma respiration. Je ralentis ma respiration. J'inspire lentement et longuement. Tout est parfait. Je pose mon attention sur mon corps. Ici et maintenant. Je suis ma respiration. Je ralentis ma respiration. J'inspire lentement et longuement. Tout est parfait. Je pose mon attention sur mon corps. Ici et maintenant. Je suis ma respiration. Je ralentis ma respiration. J'inspire lentement et longuement.

QUE JE L'AIME OU QUE JE LE DÉTESTE, JE SUIS LUI. IL EST MOI.

En le détestant, j'envoie des pensées négatives autour de moi. Et en moi.
En revanche, en l'aimant, je diffuse et reçois les ondes positives de cet Amour pour lui. Je rayonne l'Amour.
Si je le déteste, « il » est le miroir des parts d'ombre en moi que je refuse de voir.
Et si je l'aime, « il » est le miroir de l'Amour que je refuse de me donner directement.

Que je l'aime ou que je le déteste, je suis lui. Il est moi. Que je l'aime ou que je le déteste, je suis lui. Il est moi. Que je l'aime ou que je le déteste, je suis lui. Il est moi. Que je l'aime ou que je le déteste, je suis lui. Il est moi. Que je l'aime ou que je le déteste, je suis lui. Il est moi. Que je l'aime ou que je le déteste, je suis lui. Il est moi.

Toute expérience est un apprentissage

Quand tu réussis, cela t'indique que tes choix sont justes.
Quand tu échoues, cela te propose d'emprunter d'autres chemins.
Bravo ! Tu évolues, tu apprends.
Tout est apprentissage, l'erreur est une indication.
Les erreurs se présenteront à toi tant que la leçon n'est pas apprise, tant que l'enseignement n'est pas compris.
Vois la vie comme une grande école !

Toute expérience est un apprentissage. Toute expérience est un apprentissage. Toute expérience est un apprentissage. Toute expérience est un apprentissage. Toute expérience est un apprentissage. Toute expérience est un apprentissage. Toute expérience est un apprentissage. Toute expérience est un apprentissage. Toute expérience est un apprentissage. Toute expérience est un apprentissage. Toute expérience est un apprentissage.

Tout est expérience.
Je me félicite d'apprendre au quotidien.

À chacun de tes échecs, félicite-toi d'avoir essayé, d'avoir tenté quelque chose !
Il est difficile de vivre sur cette planète, chaque jour est un véritable cadeau d'apprentissage qui nous prend beaucoup d'énergie.
Ne sois pas avare de compliments à ton sujet.
Félicite-toi, encourage-toi, complimente-toi dès que tu perds courage. Tu vaux de l'or !

Tout est expérience. Je me félicite d'apprendre au quotidien. Tout est expérience. Je me félicite d'apprendre au quotidien. Tout est expérience. Je me félicite d'apprendre au quotidien. Tout est expérience. Je me félicite d'apprendre au quotidien. Tout est expérience. Je me félicite d'apprendre au quotidien. Tout est expérience. Je me félicite d'apprendre au quotidien. Tout est expérience. Je me félicite d'apprendre au quotidien. Tout est expérience. Je me félicite d'apprendre au quotidien. Tout est expérience. Je me félicite d'apprendre au quotidien. Tout est expérience. Je me félicite d'apprendre au quotidien. Tout est expérience. Je me félicite d'apprendre au quotidien.

NI BIEN NI MAL. TOUT EST EXPÉRIENCE.

Cesse de regarder ce monde avec les yeux de la dualité, ouvre ton regard sur l'Unité.
Ainsi, dans le monde de vérité, chaque chose « bonne » ou « mauvaise » est à sa place.
Tout est en ordre pour évoluer.
Comment choisir l'Amour quand il n'existe que l'Amour ?
Comment comprendre ce qu'est l'Amour quand il n'existe rien d'autre ?
Ce jeu de dualité est là précisément pour appréhender, conscientiser ce qu'est l'Amour.

Ni bien ni mal. Tout est expérience. Ni bien ni mal. Tout est expérience. Ni bien ni mal. Tout est expérience. Ni bien ni mal. Tout est expérience. Ni bien ni mal. Tout est expérience. Ni bien ni mal. Tout est expérience. Ni bien ni mal. Tout est expérience. Ni bien ni mal. Tout est expérience. Ni bien ni mal. Tout est expérience. Ni bien ni mal. Tout est expérience. Ni bien ni mal. Tout est expérience. Ni bien ni mal. Tout est expérience. Ni bien ni mal. Tout est expérience.

J'accueille mon émotion avec bienveillance. Elle a un message à me transmettre. Je ne la rejette pas.

Les émotions ont un rôle précieux à jouer. Elles sont là pour te faire comprendre ce qui se passe en toi. Rassure-toi, elles ne sont que de passage ! Aucune inquiétude à avoir, elles ne restent jamais longtemps quand tu acceptes de les regarder en face, d'écouter leur message et de les aimer.
Les émotions ne persistent que lorsque tu refuses de les accueillir. Alors, frustrées de n'être pas écoutées, elles restent plantées là.

J'accueille mon émotion avec bienveillance. Elle a un message à me transmettre. Je ne la rejette pas. J'accueille mon émotion avec bienveillance. Elle a un message à me transmettre. Je ne la rejette pas. J'accueille mon émotion avec bienveillance. Elle a un message à me transmettre. Je ne la rejette pas. J'accueille mon émotion avec bienveillance.

JE M'AIME TEL QUE JE SUIS

Pour que la paix soit visible à l'extérieur, il faut d'abord générer la paix en toi.
Toute lutte crée la dualité. Toute lutte engendre la guerre en toi et autour de toi.
Aussi, accepte-toi tel que tu es. Aime les parties de toi que tu voudrais plus ceci, moins cela.
Aime-toi comme tu es. Détache-toi des attentes des autres. Libère-toi des diktats de la société.
Tu es merveilleux. Tout simplement.

Je m'aime tel que je suis. Je m'aime tel que je suis.

J'aime ce monde tel qu'il est

La paix dans ce magnifique monde ne se fera que lorsque tu auras cessé toutes les luttes qui vivent en toi.
Aussi, remercie cette terre d'être le miroir de ton être intérieur.
Pas coupable, mais responsable.
Tout est interconnecté. Aussi sois celui qui incarne le changement dans ce monde.
Aime-toi tel que tu es et aime ce monde tel qu'il est. Il est l'illusion idéale pour évoluer en conscience.

J'aime ce monde tel qu'il est. J'aime ce monde tel qu'il est. J'aime ce monde tel qu'il est. J'aime ce monde tel qu'il est. J'aime ce monde tel qu'il est. J'aime ce monde tel qu'il est. J'aime ce monde tel qu'il est. J'aime ce monde tel qu'il est. J'aime ce monde tel qu'il est. J'aime ce monde tel qu'il est. J'aime ce monde tel qu'il est. J'aime ce monde tel qu'il est. J'aime ce monde tel qu'il est. J'aime ce monde tel qu'il est. J'aime ce monde tel qu'il est. J'aime ce monde tel qu'il est. J'aime ce monde tel qu'il est. J'aime ce monde tel qu'il est. J'aime ce monde tel qu'il est.

J'aime l'Humanité telle qu'elle est

Cette humanité est à ce stade de son évolution. Il est illusoire de vouloir la juger.
Elle a déjà fait un beau travail depuis qu'elle existe et son parcours est en perpétuel changement.
L'humanité évolue à son rythme, et l'éveil graduel de sa population se fait au moment idéal.
Admire cette belle création qui est le miroir de ce que tu es aujourd'hui.
L'Humanité explore ses failles, ses peurs et ses qualités en même temps que tu explores les tiennes.
Vous êtes liés, interconnectés.

J'aime l'Humanité telle qu'elle est. J'aime l'Humanité telle qu'elle est. J'aime l'Humanité telle qu'elle est. J'aime l'Humanité telle qu'elle est. J'aime l'Humanité telle qu'elle est. J'aime l'Humanité telle qu'elle est. J'aime l'Humanité telle qu'elle est. J'aime l'Humanité telle qu'elle est. J'aime l'Humanité telle qu'elle est. J'aime l'Humanité telle qu'elle est. J'aime l'Humanité telle qu'elle est. J'aime l'Humanité telle qu'elle est. J'aime l'Humanité telle qu'elle est. J'aime l'Humanité telle qu'elle est. J'aime l'Humanité telle qu'elle est.

J'ACCUEILLE CET ÉVÉNEMENT COMME IL EST

Le Grand Plan de l'Univers a ses raisons que la raison ignore. Aussi, ne t'épuise pas à lutter contre ce qui est. Cela est vain. C'est en dehors de ton champ d'action.
Il ne te reste alors qu'une seule chose à faire : Aimer ce qui est. Accepter ce qui est. Lâcher prise sur ce qui est.
Les luttes intérieures et extérieures sont vaines. Elles sont chronophages et énergivores. Accueille ce monde comme il est, car il est parfait pour ton évolution personnelle.

J'accueille cet événement comme il est.
J'accueille cet événement comme il est.
J'accueille cet événement comme il est.
J'accueille cet événement comme il est.
J'accueille cet événement comme il est.
J'accueille cet événement comme il est.
J'accueille cet événement comme il est.
J'accueille cet événement comme il est.
J'accueille cet événement comme il est.
J'accueille cet événement comme il est.
J'accueille cet événement comme il est.
J'accueille cet événement comme il est.
J'accueille cet événement comme il est.
J'accueille cet événement comme il est.
J'accueille cet événement comme il est.

Je n'ai aucune attente.
Tout est déjà là.

Comment être en paix à l'intérieur de soi si notre bonheur dépend de quelque chose d'extérieur ? Une réponse positive à telle demande, une proposition d'embauche, un nouveau compagnon, un projet qui voit le jour… La vie est constamment en mouvement, il est vain d'attendre le futur pour être en paix au Présent.
Fais confiance en la vie et sois pleinement là, ici et maintenant, dans ton Présent. Tout est bien. Tu es en paix. Maintenant.

Je n'ai aucune attente. Tout est déjà là. Je n'ai aucune attente. Tout est déjà là. Je n'ai aucune attente. Tout est déjà là. Je n'ai aucune attente. Tout est déjà là. Je n'ai aucune attente. Tout est déjà là. Je n'ai aucune attente. Tout est déjà là. Je n'ai aucune attente. Tout est déjà là. Je n'ai aucune attente. Tout est déjà là. Je n'ai aucune attente. Tout est déjà là. Je n'ai aucune attente. Tout est déjà là. Je n'ai aucune attente. Tout est déjà là. Je n'ai aucune attente. Tout est déjà là. Je n'ai aucune attente. Tout est déjà là. Je n'ai aucune attente. Tout est déjà là.

Je suis l'Amour Inconditionnel

L'Amour a tout créé. Cette énergie d'Amour est le début et la fin de tout.
Or, tu fais partie de ce Tout, donc tu es cet Amour Absolu.
Il est temps de t'en rappeler et de te comporter comme ce torrent incommensurable d'Amour Universel et Inconditionnel.

Je suis l'Amour Inconditionnel. Je suis l'Amour Inconditionnel.

> La paix est à
> l'intérieur de moi.
> Et non à l'extérieur.
> Ma joie est en moi.
> Elle existe sans
> raison. Sans cause.

Si tu peux ressentir une joie puissante en imaginant un rêve qui se réalise enfin, cela démontre que tu es le créateur de cette joie.
Ce n'est donc pas la concrétisation d'un rêve ou d'un projet qui génère la joie, c'est toi et toi seul.

La paix est à l'intérieur de moi. Et non à l'extérieur. Ma joie est en moi. Elle existe sans raison. Sans cause. La paix est à l'intérieur de moi. Et non à l'extérieur. Ma joie est en moi. Elle existe sans raison. Sans cause. La paix est à l'intérieur de moi. Et non à l'extérieur. Ma joie est en moi. Elle existe sans raison. Sans cause. La paix est à l'intérieur de moi. Et non à l'extérieur. Ma joie est en moi.

Je n'ai pas d'âge.
Le temps est un leurre.

Un caillou semble dur et solide pourtant il est entièrement composé d'atomes en mouvement perpétuel entourés d'espace vide !
Selon notre regard, l'on peut voir le rocher ou les atomes et le vide.
Ainsi, tout est énergie. L'énergie densifiée crée la matière. Mais la matière n'en reste pas moins de l'énergie.
L'énergie qui compose le Cosmos n'a ni début ni fin. Elle EST de toute éternité. Or nous sommes constitués de cette énergie illimitée et intemporelle. Ce monde de dualité avec une temporalité linéaire est une illusion de plus.

Je n'ai pas d'âge. Le temps est un leurre. Je n'ai pas d'âge. Le temps est un leurre. Je n'ai pas d'âge. Le temps est un leurre. Je n'ai pas d'âge. Le temps est un leurre. Je n'ai pas d'âge. Le temps est un leurre. Je n'ai pas d'âge. Le temps est un leurre. Je n'ai pas d'âge. Le temps est un leurre. Je n'ai pas d'âge. Le temps est un leurre. Je n'ai pas d'âge. Le temps est un leurre. Je n'ai pas d'âge. Le temps est un leurre. Je n'ai pas d'âge. Le temps est un leurre. Je n'ai pas d'âge. Le temps est un leurre. Je n'ai pas d'âge.

Je suis souverain de ma propre vie.
Je lâche prise concernant la vie des autres.

La sagesse t'enseigne que tu n'as pas prise sur la vie des autres. Aussi, laisse-les expérimenter leur vie comme ils l'entendent et focalise-toi sur la tienne. Sans jugement. Sans hiérarchie.
Chacun a le droit de vivre selon sa conscience.
En récupérant ta souveraineté sur ta propre vie, tu peux enfin redonner la souveraineté des autres sur leurs vies.
Qui sait ? Peut-être aurais-tu agi exactement comme eux si tu avais été à leur place ? Et eux auraient agi comme toi s'ils avaient eu ta vie…

Je suis souverain de ma propre vie. Je lâche prise concernant la vie des autres. Je suis souverain de ma propre vie. Je lâche prise concernant la vie des autres. Je suis souverain de ma propre vie. Je lâche prise concernant la vie des autres. Je suis souverain de ma propre vie. Je lâche prise concernant la vie des autres. Je suis souverain de ma propre vie. Je lâche prise concernant la vie des autres. Je suis souverain de ma propre vie. Je lâche prise concernant la vie des autres. Je suis souverain de ma propre vie. Je lâche prise concernant la vie des autres. Je suis souverain de ma propre vie.

J'observe les émotions qui me traversent.
Je ne suis pas ces émotions.
Elles passent juste par moi.

Méditer est précisément le fait de laisser courir les pensées et les émotions qui passent par toi, sans y accorder d'importance, sans te laisser embarquer dans leurs flots.
Ce flot de pensées ne cessera pas. C'est ta conscience qui cesse de se laisser influencer et manipuler par elles. Voilà qui fait toute la différence.
Tes émotions ne disparaîtront pas car tu es un humain venu les expérimenter. En revanche, tu peux les laisser te traverser sans lutter contre elles. Afin qu'elles passent à travers toi comme déferle une vague avant de disparaître.

J'observe les émotions qui me traversent. Je ne suis pas ces émotions. Elles passent juste par moi. J'observe les émotions qui me traversent. Je ne suis pas ces émotions. Elles passent juste par moi. J'observe les émotions qui me traversent. Je ne suis pas ces émotions. Elles passent juste par moi. J'observe les émotions qui me traversent. Je ne suis pas ces émotions. Elles passent juste par moi. J'observe les émotions qui me traversent. Je ne suis pas ces émotions. Elles passent juste par moi.

Je ne suis pas cette personne incarnée.
Je suis TOUT. Je suis la Conscience.

Et si la Conscience Universelle observait ce monde terrestre à travers tes yeux ?
Et si ta conscience était la Conscience Universelle ? Accueille cela et laisse infuser cette universalité qui passe par toi.
Puisque l'énergie qui a tout créé est l'Amour, tu es cet Amour. Donc tu n'es pas Monsieur Untel ou Madame Unetelle. Tu l'es uniquement en apparence, le temps de cette vie.
Mais tu es tellement plus que cela. Tu es Tout. Tu es chaque être qui vit. Tu es le sable. Tu es le Soleil, la Terre, l'Univers.

Je ne suis pas cette personne incarnée. Je suis TOUT. Je suis la Conscience. Je ne suis pas cette personne incarnée. Je suis TOUT. Je suis la Conscience. Je ne suis pas cette personne incarnée. Je suis TOUT. Je suis la Conscience. Je ne suis pas cette personne incarnée. Je suis TOUT. Je suis la Conscience. Je ne suis pas cette personne incarnée. Je suis TOUT. Je suis la Conscience. Je ne suis pas cette personne incarnée. Je suis TOUT. Je suis la Conscience. Je ne suis pas cette personne incarnée. Je suis TOUT. Je suis la Conscience.

Seul compte le Présent

Excepté le Présent, tu n'as prise sur aucun autre temps. Le passé est passé et le futur est à venir.
Or la vie s'écoule au présent. C'est à cet instant précis que tu peux agir. Si tu reportes au lendemain ce que tu peux faire maintenant, c'est comme si tu le relègues aux oubliettes du Présent.
C'est dans l'instant présent que tu as les cartes de ton destin en main.

Seul compte cet Instant. Seul compte le Présent. Seul compte cet Instant. Seul compte le Présent. Seul compte cet Instant. Seul compte le Présent. Seul compte cet Instant. Seul compte le Présent. Seul compte cet Instant. Seul compte le Présent. Seul compte cet Instant. Seul compte le Présent. Seul compte cet Instant. Seul compte le Présent. Seul compte cet Instant. Seul compte le Présent. Seul compte cet Instant. Seul compte le Présent. Seul compte cet Instant. Seul compte le Présent. Seul compte cet Instant. Seul compte le Présent. Seul compte cet Instant. Seul compte le Présent. Seul compte cet Instant.

Tout jugement juge et ment.
J'accueille ce qui est car tout est parfait.

Souhaites-tu que personne ne juge tes actions et tes choix ? Alors ne juge pas les actions et les choix des autres.
Fais aux gens ce que tu aimerais qu'on te fasse.
De la sorte, l'Amour pur et inconditionnel pourra s'ancrer dans la matière.
Celui qui juge se place au-dessus ou en dessous des autres. Or chacun possède la même valeur, la même légitimité d'être vivant sur cette planète.

Tout jugement juge et ment. J'accueille ce qui est car tout est parfait. Tout jugement juge et ment. J'accueille ce qui est car tout est parfait. Tout jugement juge et ment. J'accueille ce qui est car tout est parfait. Tout jugement juge et ment. J'accueille ce qui est car tout est parfait. Tout jugement juge et ment. J'accueille ce qui est car tout est parfait. Tout jugement juge et ment. J'accueille ce qui est car tout est parfait. Tout jugement juge et ment. J'accueille ce qui est car tout est parfait. Tout jugement juge et ment. J'accueille ce qui est car tout est parfait. Tout jugement juge et ment.

La joie est mon seul guide.
Je suis ma joie car je suis la joie incarnée.

Pour vivre dans un monde de terreur et de séparation, suis les conseils de ta peur.
En revanche, si tu souhaites vivre dans un monde de paix et d'abondance, écoute les idées de ton âme.
C'est précisément ton choix qui créera le monde dans lequel tu évolueras.
Rappelle-toi que ce qui t'entoure est le miroir de ce qui se passe en toi.
Chaque fois que tu crois ta peur, tu ancres l'énergie de la peur dans la matière.
Chaque fois que tu lui préfères l'Amour et la joie, alors cet Amour et cette joie enveloppent la Terre. Ce choix t'appartient et il est à répéter encore et encore au quotidien.

La joie est mon seul guide. Je suis ma joie car je suis la joie incarnée. La joie est mon seul guide. Je suis ma joie car je suis la joie incarnée. La joie est mon seul guide. Je suis ma joie car je suis la joie incarnée. La joie est mon seul guide. Je suis ma joie car je suis la joie incarnée. La joie est mon seul guide. Je suis ma joie car je suis la joie incarnée. La joie est mon seul guide. Je suis ma joie car je suis la joie incarnée. La joie est mon seul guide. Je suis ma joie car je suis la joie incarnée.

Le futur n'existe pas.

Seul le présent compte.

Prends conscience de ton corps. Écoute ton cœur qui bat. Pose ton attention sur l'oxygène qui entre et sort de tes poumons merveilleux. Sois attentif aux bruits qui t'entourent. Observe ce que tes yeux t'offrent.
Laisse aller tes pensées incessantes. Écoute le vent, ressens sa caresse sur ta peau.
Tu es en train d'expérimenter une vie d'humain sur la planète Terre et c'est une chance inouïe !
Profite de cette aventure terrestre qui est un cadeau que tu te fais à toi-même.
Sois présent à cette incroyable opportunité.

Le futur n'existe pas. Seul le présent compte. Le futur n'existe pas. Seul le présent compte. Le futur n'existe pas. Seul le présent compte. Le futur n'existe pas. Seul le présent compte. Le futur n'existe pas. Seul le présent compte. Le futur n'existe pas. Seul le présent compte. Le futur n'existe pas. Seul le présent compte. Le futur n'existe pas. Seul le présent compte. Le futur n'existe pas. Seul le présent compte. Le futur n'existe pas. Seul le présent compte. Le futur n'existe pas. Seul le présent compte. Le futur n'existe pas.

Le passé n'existe plus.
Seul le présent importe.

Donne-toi l'Amour qui t'est nécessaire pour avancer. Cesse d'espérer cela des autres.
Dès lors que tu n'es plus en quête de l'approbation des autres, tu pourras être vraiment toi-même.
Libère-toi de cette prison où tu te terres en espérant être aimé de ton entourage.
Sache qu'il y aura toujours des personnes qui ne t'aimeront pas mais il y aura aussi toujours des gens qui t'aimeront. Quoi que tu fasses.
Aussi, sois à l'écoute de toi-même.
Tu seras un joyeux exemple qui donnera aux autres l'envie d'être vraiment eux.

Le passé n'existe plus. Seul le présent importe. Le passé n'existe plus. Seul le présent importe. Le passé n'existe plus. Seul le présent importe. Le passé n'existe plus. Seul le présent importe. Le passé n'existe plus. Seul le présent importe. Le passé n'existe plus. Seul le présent importe. Le passé n'existe plus. Seul le présent importe. Le passé n'existe plus. Seul le présent importe. Le passé n'existe plus. Seul le présent importe. Le passé n'existe plus. Seul le présent importe. Le passé n'existe plus. Seul le présent importe.

JE ME TRAITE AVEC AMOUR

As-tu envie qu'on t'offre des fleurs ? Offre-toi ces fleurs.
Attends-tu qu'on te dise que tu es merveilleux ? Dis-le-toi à tue-tête ! Veux-tu être aimé pour qui tu es vraiment ? Alors aime-toi sans condition.
Désires-tu être traité avec Amour et respect ? Traite-toi de la sorte.
Libère-toi de l'attente des autres afin de pouvoir être qui tu es vraiment.
Si tu te traites avec amour, tu ne laisseras personne te traiter différemment.
Repère les vides à combler en toi, et sois celui qui les comble.
Tu es né entier. L'âme sœur est un leurre qui t'éloigne de ta plénitude intérieure en cherchant indéfiniment à l'extérieur ce qui se trouve en toi.

Je me traite avec Amour. Je me traite avec Amour. Je me traite avec Amour. Je me traite avec Amour. Je me traite avec Amour. Je me traite avec Amour. Je me traite avec Amour. Je me traite avec Amour. Je me traite avec Amour. Je me traite avec Amour. Je me traite avec Amour. Je me traite avec Amour. Je me traite avec Amour. Je me traite avec Amour. Je me traite avec Amour. Je me traite avec Amour.

Aime-toi d'un Amour inconditionnel.
Aime les autres de ce même Amour.
Oublie les « si », les « seulement si », les « il faut »…
Chacun fait du mieux qu'il peut avec ce qu'il a.
L'Amour est la base de tout, il n'est pas une récompense ou une médaille à obtenir.
Les conditions sont des leurres, des utopies que tu peux lâcher.
Sois sans attente. Accueille ce qui se présente à toi. Tout est absolument parfait pour évoluer en conscience. Tout est un apprentissage d'Amour.

Amour Inconditionnel. Amour Inconditionnel. Amour Inconditionnel. Amour Inconditionnel. Amour Inconditionnel. Amour Inconditionnel. Amour Inconditionnel. Amour Inconditionnel. Amour Inconditionnel. Amour Inconditionnel. Amour Inconditionnel. Amour Inconditionnel. Amour Inconditionnel. Amour Inconditionnel. Amour Inconditionnel. Amour Inconditionnel. Amour Inconditionnel. Amour Inconditionnel.

NI DÉBUT NI FIN.
TOUT EST ICI ET MAINTENANT.

Observe que tout est cyclique.
Tout est un éternel recommencement.
Seul le Présent est ta réalité. Le reste n'a aucune saveur réelle, aucune consistance.
Libère-toi du passé, affranchis-toi du futur.
Sois présent à toi-même, à ce que tu fais maintenant.
Contemple cet Instant Présent infini !
Vois comme il s'étire sans fin jusqu'à ne faire qu'un avec le passé et le futur.
Tout est contenu dans le Présent.
Un clignement d'œil, un million d'années, cela n'est qu'une illusion de ce monde de dualité.
Tout est là, toujours et pour chacun.

Ni début ni fin. Tout est Ici et Maintenant. Ni début ni fin. Tout est Ici et Maintenant. Ni début ni fin. Tout est Ici et Maintenant. Ni début ni fin. Tout est Ici et Maintenant. Ni début ni fin. Tout est Ici et Maintenant. Ni début ni fin. Tout est Ici et Maintenant. Ni début ni fin. Tout est Ici et Maintenant. Ni début ni fin. Tout est Ici et Maintenant. Ni début ni fin. Tout est Ici et Maintenant. Ni début ni fin.

Autres parutions du même auteur :

Mon cahier de Mantras à colorier.
— BOD Editions

La licorne de Nazareth
— BOD Editions

D'Homo Sapiens à Homo Deus :
Comment finaliser l'évolution de l'humain ?
— BOD Editions

L'éveil de la rose :
En quête d'une sexualité consciente.
— Be Light Editions

Le dernier conte.
— Be Light Editions

Amour Inconditionnel.
— Stellamaris Editions

Mon recueil magique de recettes Arc-en-ciel.
— Be Light Editions